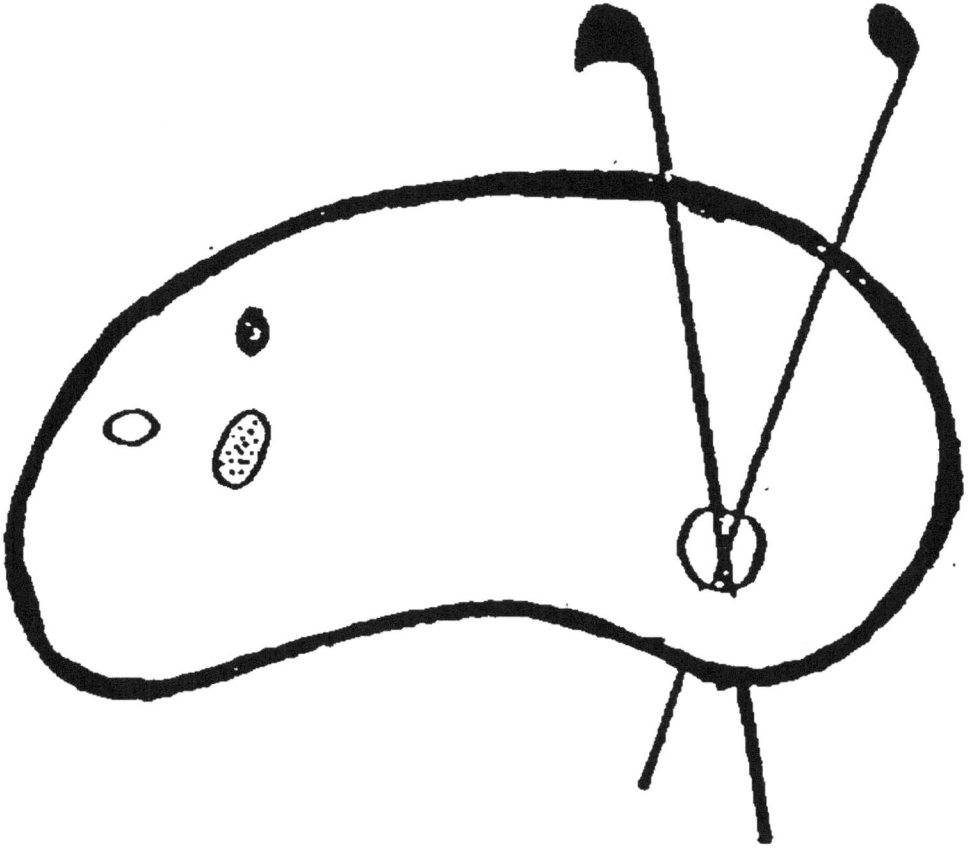

DEBUT D'UNE SERIE DE DOCUMENTS
EN COULEUR

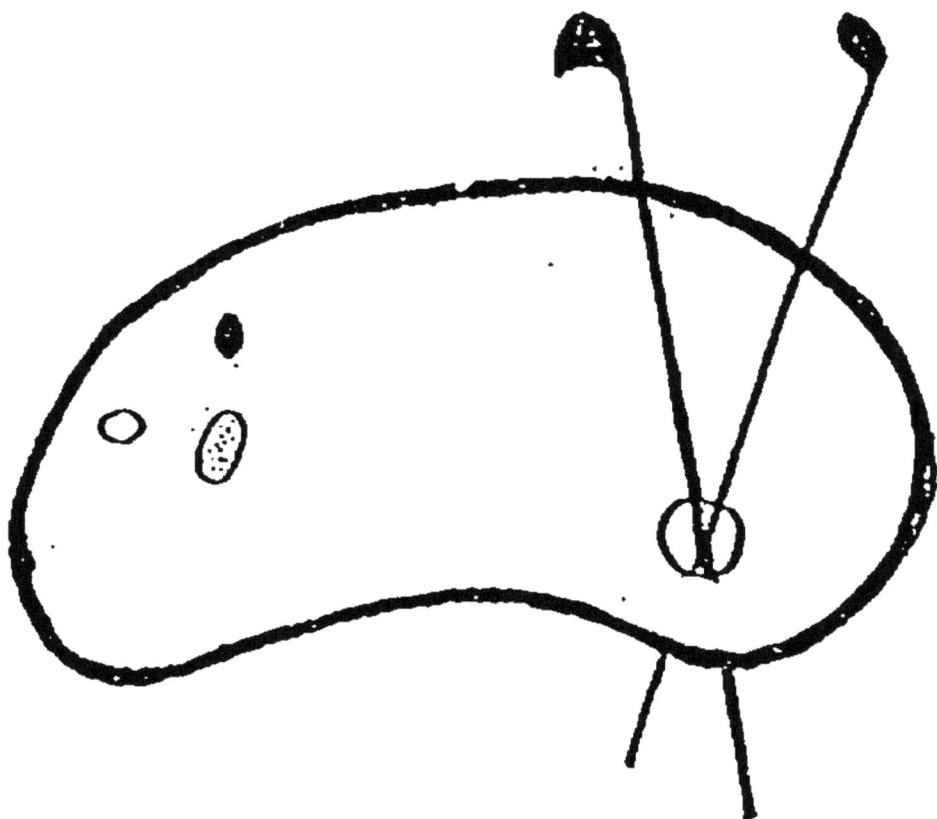

FIN D'UNE SERIE DE DOCUMENTS
EN COULEUR

LA CRÉMATION OU LA MORT !

VERSAILLES
IMPRIMERIE CERF ET FILS
59, RUE DUPLESSIS

LA

CRÉMATION

OU LA MORT !

PAR

CH. PERRINELLE

ANCIEN CONSEILLER MUNICIPAL DE PARIS

EN VENTE

AU DÉPOT DE LA LIBRAIRIE D'ÉDUCATION LAÏQUE

169, BOULEVARD SAINT-GERMAIN, 169

LA CRÉMATION OU LA MORT !

CHAPITRE PREMIER.

Les Parisiens et le progrès.

Alors tout est dit !

Les pouvoirs publics, serviteurs très humbles du *statu quo* le plus routinier, n'approuveront jamais la délibération du Conseil municipal de Paris qui établit la crémation facultative, et nous ne pourrons être incinérés si cela nous convient !

Et nous en resterons là !...

Nous n'appellerons pas à notre aide ce bélier formidable qu'on appelle l'opinion publique !...

Ce serait, en vérité, une résignation pas trop chrétienne et avec laquelle nous ne voulons rien avoir de commun.

Est-ce que le peuple de Paris n'est pas là !

Ce peuple de Paris, — produit hybride ! — où l'autochtone est une espèce de merle blanc, une perle rare, — ce peuple qui réunit dans un milieu unique les caractères les plus hétérogènes des races diverses dont le croisement l'a formé, — résultante de toutes les forces intellectuelles éparses sur le sol généreux de notre France, — ce peuple sans aïeux et qui adopte pour tels, avec une énergie si communicative, tous les calomniés, tous les persécutés, pourvu qu'ils aient été généreux, ne fût-ce qu'un jour, ne fût-ce qu'une heure dans leur vie, qui accouple sans hésitation, dans son calendrier, — un calendrier qui ne doit rien à la papauté celui-là — les noms les plus opposés et vénère du même cœur le déiste Rousseau et l'athée Diderot, Jeanne d'Arc, la patriotique hallucinée et le grand railleur Voltaire, le sage Franklin et l'héroïque John Brown : ce peuple de Paris, dis-je, est, certes, puisqu'il n'hésite pas à le proclamer lui-même, le peuple le plus spirituel du monde; mais il en est bien aussi le plus singulier.

Amoureux des nouveautés au point de donner

à ses heures créance aux bourdes les plus fantastiques qui lui sont contées sous couleur de réformes sociales, comme par exemple le *socialisme césarien* de funèbre mémoire, il n'accueille ces nouveautés que pour en médire tout d'abord. Il ne se résout à les pratiquer, à jouir du bénéfice qu'elles lui apportent, qu'après en avoir dit pis que pendre et prédit avec une gouaillerie obstinée que : « *Ça ne prendra jamais.* »

Puis, bon gré mal gré, presque sans y songer, il tâte des nouveautés qu'il raille, il les trouve bonnes, mais ne s'en vante pas jusqu'au jour où quelque *ordre-moralien* mal avisé propose d'en revenir purement et simplement au passé.

Oh ! alors, *tolle* général ! Raca sur ce baudet, sur cet obscurantiste qui veut mettre la lumière sous le boisseau, et priver l'humanité des bienfaits du progrès !

N'est-ce pas là une histoire d'hier ? On parlait de mettre dans les rues de Paris des chemins de fer en miniature, des *tramways,* comme on dit.

Quel concert de prévisions sinistres ! Que de récriminations ! Est-ce que cela s'est jamais vu ! disait l'un ; la belle nouveauté, disait l'autre, il y en a partout déjà ! Est-ce que Paris va se met-

tre à singer Quimper-Corentin? Et puis..., les
rues seront-elles assez encombrées! Y aura-t-
il assez de gens écrasés ! et pataîi et patata !...

Mais essayez aujourd'hui de remplacer une
seule ligne de tramways par un de ces coucous
obstinés qu'on appelle des omnibus, et vous
verrez la belle tempête !

Est-il trop ambitieux d'espérer pour la crémation le même succès que pour les tramways,
pourvu qu'on veuille bien en essayer? Je ne le
crois pas, et c'est pourquoi je n'hésite pas à pu-
blier ces lignes, sans souci du scepticisme des
uns et du parti pris des autres.

Notre cher peuple de Paris est là et devant
ses observations il faudra bien que les pouvoirs
publics laissent construire le monument crématoire dont son conseil municipal l'aura doté, à
l'instar de Milan, de Vienne, de Dresde, de Gotha ; oui, de Gotha même, et alors, plus un
homme libre ne voudra être enterré.

On laissera l'inhumation aux Veuillots d'alors.

CHAPITRE II.

Quelle est la question?

Il est dans la vie des sociétés des heures où certaines questions, presque ignorées jusque-là, se dressent devant l'humanité et demandent une solution.

L'assainissement des grandes villes est une de ces questions et nous sommes dans une de ces heures.

A d'autres le soin d'aborder dans son ensemble ce redoutable problème; je n'en veux toucher qu'un point, — le plus important à mon sens, — celui qui a été le moins étudié jusqu'ici: je veux dire l'assainissement des cimetières, le perfectionnement à donner au mode actuel de décomposition des cadavres qu'on appelle l'inhumation, procédé tout à fait barbare et primitif qui choque à la fois le sentiment et le bon sens et menace la vie humaine.

Doit-on continuer à enterrer les morts, à faire

de leur dissolution une source d'empoisonnement pour les vivants? — Ou bien faut-il aider,
accélérer le jeu de la nature, tout assainir en
brûlant tout, et assurer ainsi la sécurité et la
santé des races futures ?

Telle est la question qui s'impose à quiconque
pense que l'amélioration matérielle des conditions de la vie pour la masse laborieuse est le
premier *desideratum* d'une démocratie digne
de son nom, et que je n'hésite pas, pour ma
part, à résoudre en demandant à grands cris : la
Crémation.

Je sais bien que l'inhumation a pour elle des
préjugés séculaires, entretenus et propagés
avec acharnement par une caste qui résume
en elle tout ce que le passé a eu de défec-
tueux, une caste qui a élevé l'exploitation de
l'homme à la hauteur d'un dogme, la *caste sa-
cerdotale* avec son inévitable cortège de ramas-
seurs de miettes : la gent cléricale.

Périsse l'humanité plutôt que nos revenus !
Tel est le cri de ralliement de cette milice sans
vergogne.

Mais que nous importe cette secte dont l'influence dans le monde va sans cesse décrois-
sant.

L'inhumation a encore pour elle les endormis, les timides, les *juste-milieu*, tous ceux qui geignent s'ils se meuvent, qui se trouvent libéraux parce qu'ils marquent le pas au lieu d'aller à reculons, mais qui craignent un pas en avant à l'égal d'une catastrophe, et croient bien volontiers qu'un regard vers l'avenir est un crime. Tous ceux que leur raison affranchirait de la tutelle théocratique et monarchique, — s'ils avaient le courage de donner raison à leur raison; — tous ceux enfin qui répudieraient les pompes religieuses du baptême, du mariage, des obsèques, si ce n'était là nouveauté par trop nouvelle, répulsive aux gens du monde (il faut être du monde avant tout...), et bonne tout au plus pour ces goujats de libres penseurs !

Mais qu'importent encore ces énervés ! — Gent moutonnière, vouée à la routine, — ils nous suivront si nous marchons.

Et puis enfin qu'importent les réfractaires de tout poil et de toute robe ! L'ennemi, c'est-à-dire l'insalubrité, est à nos portes il n'est plus temps de délibérer. — Il faut opter entre la crémation ou la mort.

Je choisis la *crémation*.

CHAPITRE III.

Les Bûchers d'antan.

Gardons-nous surtout des illusions, n'allons pas croire que ce mot de crémation ait d'ores et déjà conquis ses lettres de naturalisation dans la langue française.

Quelques lettrés le connaissent, en savent la signification, — le peuple l'ignore ou ne le comprend guère.

Qu'est-ce donc que la crémation, ou plutôt qu'a-t-elle été jusqu'ici?

On nomme ainsi l'opération qui consiste à soumettre à la combustion les cadavres humains, les réduire en cendres blanches, qui peuvent être recueillies avec plus ou moins de soin, et conservées soit au foyer domestique, soit dans un lieu public comme les reliques d'un être aimé et vénéré.

Si le mot est nouveau, la chose est vieille, si vieille qu'on en trouve déjà des descriptions dans les récits légendaires groupés sous le nom d'Homère.

Qui ne connaît en effet les bûchers d'Hector et de Patrocle, si complaisamment et si pompeusement décrits ; ces amas formidables de bois odorants, ces libations de vin, l'intervention miraculeuse de Zéphyre et de Borée, le tout destiné à activer la flamme languissante du bûcher.

Qui ne connaît aussi cette épouse modèle, cette Artémise, laquelle, sous prétexte de conserver inaltérable le souvenir de son époux, Mausole, brûle son cadavre et boit ses cendres.

Quoi qu'il en soit et, sans remonter aux époques fabuleuses, on sait que l'usage de la crémation fut sinon universel au moins tout-à-fait prépondérant dans le monde romain à une certaine époque.

Avant Sylla, et, bien que la loi des Douze Tables contienne des prescriptions relatives aussi bien à la crémation qu'à l'inhumation des cadavres, l'incinération ne paraît avoir été pratiquée qu'à de rares intervalles et seulement comme un honneur décerné à des citoyens distingués, ou bien comme la manifestation suprême du faste dont aiment à s'entourer les aristocraties.

A défaut d'autres causes, d'ailleurs, sa cherté suffirait à expliquer sa rareté.

Sylla, au contraire, préconisa l'incinération, lui prêta l'appui de son prestige dictatorial, y joignit la pression d'une loi et finalement prêcha d'exemple en ordonnant que son cadavre fût brûlé. Cet exemple et cette propagande, partis de si haut, furent décisifs. Beaucoup de familles, et des plus huppées, qui jusque-là étaient restées hostiles à cet usage, l'adoptèrent, et dès lors la crémation paraît être devenue la pratique commune des Romains.

L'initiative de Sylla en cette matière est expliquée par quelques historiens, Pline en tête, d'une manière qui mérite d'être conservée ici à cause tant de sa singularité que de sa vraisemblance.

Sylla, vainqueur de Marius, coryphée d'une de ces réactions que les aristocraties s'entendent si bien à rendre effroyables, après avoir proscrit et mis à mort les partisans avoués de son ennemi, souffrit sans peine que le cadavre de celui-ci fût arraché à la tombe, et jeté à la voirie par cette tourbe soldatesque et populacière que traîne toujours avec soi toute violence victorieuse, mais, en tyran avisé, il craignit pour lui et pour les siens qu'un retour de fortune n'envoyât leurs cadavres rejoindre aux gémonies ceux de ces vaincus, — il se fit l'apôtre de la Crémation.

Un caprice de maître était déjà une loi, aussi la Crémation ne tarda-t-elle pas à être un grand honneur à Rome et par suite en Grèce, en Gaule, en Espagne, partout en un mot où la conquête avait porté les aigles romaines ; mais elle semble, même alors, être restée le privilège des aristocraties ; car, à Rome même, les cadavres de la plèbe pauvre continuèrent à être jetés pêle-mêle sans grande précaution dans des espèces de trous, ébauche informe et dégoûtante de notre non moins dégoûtante fosse commune. Ces trous s'appelaient *puticuli*, c'est-dire pourrissoirs, et se trouvaient, s'il faut en croire Varron, mort vingt-huit ans avant notre ère, situées sur le mont Aquilin.

Si la pratique de l'incinération se répandit largement et rapidement, elle ne dura guère, car on la voit disparaître sous les Antonins.

D'où vient cette rapide décadence ?

Des explications variées ont été données à ce sujet, qui ne me satisfont guère. On semble vouloir s'en tenir à l'idée que sa cherté seule a tué l'incinération — et je n'en crois rien, attendu que sa cherté, — puisque cherté il y a, — n'allait pas en croissant avec les années, — et que si la cherté n'était pas un obstacle au temps de Sylla, elle n'en devait pas être une non plus sous les Antonins. — J'aime mieux croire que l'abolition de la Crémation est l'œuvre du Christianisme.

On sait bien qu'aucune loi chrétienne ne proscrit l'incinération, qu'on a même vu les premiers chrétiens brûler leurs morts pour mieux les conserver, que ce philosophe platonicien, appelé saint Augustin, a déclaré que le Tout-Puissant ne serait pas embarrassé pour ressusciter les corps, qu'ils aient été dévorés par les animaux ou par les flammes. On sait encore que les chrétiens n'ont pas une aversion de principe pour les bûchers, puisqu'ils n'ont pas hésité à allumer ceux de Savonarole, de Jean Huss, des Albigeois, des Templiers, de Jeanne d'Arc et tous ceux non moins célèbres que l'Inquisition avait pour unique mission d'entretenir et de pourvoir; mais ce qui n'échappera à personne, c'est que l'imitation du Christ enseveli et inhumé, à ce que disent les légendes, à la façon juive, devait tenter les chrétiens et les ramener petit à petit à la pratique de l'inhumation.

Mais ce fétichisme particulier ne fut évidemment ni la seule, ni même la principale cause du discrédit dont la secte chrétienne frappa l'incinération, il en est une autre plus humaine,

moins sentimentale, mais non moins décisive. En
effet, après une lutte laborieuse, dont on me paraît néanmoins avoir singulièrement exagéré
les difficultés, un clergé puissant s'était formé.
Animé d'un zèle ardent de propagande, jaloux d'é-
tendre et de multiplier son influence déjà grande
et de la rendre prépondérante, il ne devait né-
gliger aucun moyen pour atteindre ce but et join-
dre au prestige de la parole celui de la richesse.

Ne lui fallait-il pas des biens, beaucoup de
biens, pour entretenir cette nuée de pauvres
diables, de misérables et de mendiants sportu-
laires dont il disputait la clientèle à l'aristo-
cratie patricienne et païenne, et dont il se tar-
guait volontiers d'être le seul protecteur, le seul
appui, la Providence visible !

Dès lors on comprend aisément que cette cor-
poration ait vu d'un mauvais œil une pratique
que la tradition ne liait pas nécessairement à
l'intervention des pompes religieuses et qui per-
mettait aux familles d'emmagasiner au fond
même de leur demeure la collection de leurs ancêtres, et de leur rendre là un culte tout intime
et partant peu fertile en aumônes, en donations
et autres *menus suffraiges* alimentaires.

Le clergé combattit donc la crémation de toutes ses forces parmi les siens, et n'eut que peu

de peine à faire répudier cette coutume par des
néophytes d'autant plus zélés que leur foi était
de plus fraîche date.

Disons sans plus tarder que le fétichisme na-
turel à l'humanité ignorante fut l'auxiliaire puissant de cette propagande. Des hommes à qui on
promettait l'éternité de leur être dans un monde
meilleur, et la réunion finale de l'âme immor-
telle à sa dépouille mortelle, ne pouvaient qu'attacher un grand prix à conquérir dès le lendemain
de leur mort la meilleure place possible pour
ces deux parts d'eux-mêmes et d'assurer, alors
que l'âme retournerait vers Dieu, une place de
choix à leur cadavre sous l'œil de Dieu, aux
portes du temple même, et jusque sous l'au-
tel.

La bonne place était d'autant plus rare que le
nombre des aspirants se multipliait. Aussi
comme elle était recherchée ! de quels sacrifices
n'aurait-on pas payé le privilège de l'occuper !
Quelles bonnes œuvres ne se sentait-on pas prêt
à doter ! Et de quel cœur léger ne devait-on pas renoncer à la plus raisonnable des pratiques, c'est-à-
dire à la crémation ! C'est ce qui arriva en effet, et
l'on put dire que la crémation avait vécu le jour
où l'empereur Constantin fut enterré au seuil de
la principale église de Byzance.

Tel est, en peu de mots, le passé européen de la question qui nous occupe. Il était indispensable de jeter un coup d'œil rapide sur ce passé, ne fût-ce que pour en tirer cette conclusion : si générale qu'ait été la combustion appliquée aux cadavres, elle ne répondait pas à l'ordre d'idées que sollicite aujourd'hui si puissamment les penseurs, les savants et même les administrateurs, justement préoccupés de l'assainissement des grands centres de population, c'est-à-dire au besoin de salubrité.

CHAPITRE IV.

Le Mort tue le Vif.

De toute antiquité, l'humanité a cherché à soustraire ses cadavres aux hasards de la décomposition en plein air, les desséchant sur un point, les inhumant sur un autre, les brûlant ailleurs. Mais il faut bien reconnaître que l'inhumation paraît avoir été la pratique dominante, elle l'est encore plus que jamais.

Est-elle la plus raisonnable? Il est permis d'en douter.

Qu'elle ait été la première inspiration des races primitives, qu'elle ait amplement suffi au fétichisme de l'âge de pierre et même aux rudimentaires aspirations sociales d'un milieu peu dense, rien de plus vraisemblable.

En effet, alors que la surface de notre globe, à peu près déserte, ne comptait que quelques tribus humaines, clair-semées et sans importance numérique, que des forêts immenses, une végétation puissante absorbait avec avidité et au grand profit des animaux toutes les émanations délétères résultant de la décomposition des corps organiques, l'humanité pouvait ne pas sentir le besoin de se préoccuper des conditions de cette décomposition. Mais dès que le genre humain, croissant et se multipliant à son tour avec une irrésistible puissance d'expansion, couvrit une surface plus grande et surtout se groupa en agglomérations de plus en plus denses, appelées villes; lorsque les forêts, en même temps qu'elles diminuaient d'étendue, perdirent de leur puissance végétative, la pourriture sur place de tous les débris humains devint un danger permanent. Les épidémies de toutes sortes s'abattirent sur les vivants et les décimèrent sans relâche.

Un mal était né, source de tous les autres maux : l'INSALUBRITÉ, et c'est à ce mal, sous toutes ses formes, que l'humanité cherche remède.

En ce qui concerne les débris organiques ou autres que la vie d'une grande cité amoncelle chaque jour dans les habitations et sur la voie publique, une première amélioration avait été indiquée depuis longtemps déjà, et est en usage dans presque toutes les grandes villes, c'est le système qu'un ingénieur distingué, M. de

Freycinet (1), a baptisé du nom de *circulation continue,* et qui consiste à recueillir, dans un torrent d'eau pure, tous les détritus infectieux et de les entraîner, par une canalisation souterraine, loin du foyer où leur décomposition causerait tant de ravages. Mais, dans ces derniers temps, cela même n'a plus suffi, on a reconnu que *déplacer* n'est pas *détruire,* qu'un expédient n'est pas un remède, et l'on s'est mis résolument à l'étude indispensable de la désinfection des eaux d'égout (2). Mais si sur ce premier point la question d'assainissement, qui est pour les cités une question de vie ou de mort, est en bonne voie, en est-il de même pour ce qui concerne la décomposition des cadavres? Non, certes, et on peut dire que là rien n'a été fait, rien n'a été même tenté. Si quelques législateurs ont décrété sur la question, ils ont opéré, avec une bien grande timidité, et il faut avouer que leur bagage est tout à fait mince.

En effet, on a réglementé le temps au bout duquel l'inhumation est de rigueur, la profon-

---

(1) Cet ingénieur a fait son chemin; on l'eût appelé Excellence si les ministres de la République pouvaient souffrir cette appellation injurieuse.

(2) Voir à l'*Officiel* le décret du 22 août 1874 et le Rapport de la commission instituée par ce décret (10 et 11 avril 1875).

deur des fosses, l'espace à réserver entre la demeure des vivants et celle des morts, enfin on a prescrit l'usage de certains agents chimiques propres à retarder la décomposition. Sans doute, il y a là des mesures sages, et c'était un expédient excellent que de rejeter au dehors des villes les cimetières que le clergé catholique y avait installés et maintenus *per fas et nefas* pendant plusieurs siècles (1), mais ce n'était et ce n'est encore qu'un expédient, déplaçant le foyer d'infection sans le détruire.

Il faut proclamer bien haut qu'en cette question comme en beaucoup d'autres, les hommes de la grande Révolution avaient pris une initiative virile, car en l'an V, le 21 brumaire, le conseil des Cinq-Cents entendait un rapport fait au nom d'une commission spéciale, sur les

---

(1) Voir : *Notice sur les champs de sépulture anciens et modernes* (page 12 et suiv.), par Léon Wafflard (Paris, 1867. Lacroix et Verbœcken), où il est noté que l'Église tout entière, convertie en charnier, était devenue un véritable *ergastulum*. « Des morts sur la tête, des morts » sous les pieds, des morts entassés de tous les côtés. Il » fallut lutter pendant deux cents ans contre un clergé » particulièrement intéressé à maintenir un semblable » état de choses; la force d'inertie, entretenue, par de » misérables intérêts, tint en échec pendant deux siècles » les enquêtes, les adresses, les plaintes des habitants, » les observations des fabriques, les arrêts du Parlement, » les suppliques des procureurs généraux et jusqu'au roi » lui-même qui rendit enfin la célèbre Déclaration de » mars 1776. »

inhumations, par Daubermesnil, lequel propo-
sait de « permettre à tout individu de faire brûler le corps de ses poches, à la condition que
le bûcher fût allumé en dehors des enceintes
habitées. »

M. Cadet, membre du conseil municipal de
Paris, auquel j'emprunte ce renseignement,
ajoute :

« Ce projet n'aboutit pas, mais sans qu'aucune
» opposition se soit manifestée contre la créma-
» tion. Il fut renvoyé à diverses reprises, pour
» être perfectionné, à de nouvelles délibérations
» de la commission et il n'en sortit plus. »

Enfin, en l'an VII, sur le rapport du citoyen
Cambry, administrateur élu du département de
la Seine, rapport très remarquable et très com-
plet adopté le 14 floréal an VII, l'administration
centrale prit un arrêté dont l'art. 21 est ainsi
conçu : « Tout individu décédé sera conduit à la
» sépulture publique pour y être *inhumé* ou
» *consumé par le feu* ainsi que ses parents,
» amis ou ayants cause le désireront, à moins
» qu'il n'ait lui-même avant son décès écrit son
» intention à cet égard. »

L'administration centrale fit mieux encore ; par
une autre délibération du 2 frimaire an VII, elle
envoya à toutes les autorités et administrations

de la République le rapport du citoyen Cambry et les projets de l'architecte à l'appui.

Il semblerait résulter de ce qui précède que la chose eût dû marcher de soi, et la crémation être autorisée et pratiquée en toute liberté depuis ce temps.

Il n'en fut rien pourtant, le 18 brumaire était survenu et avait emporté avec lui et l'administration *élue* du département de la Seine et aussi la mise eu exécution des décisions progressives qu'elle avait pu prendre. Et, bien qu'en 1800 le préfet Frochot ait autorisé une incinération, la crémation fut de celles-là.

Tout le monde sait que la décomposition des cadavres accumulés au sein de la terre crée un foyer d'infection, dont les effets se manifestent tant à la surface même du sol que dans la nappe souterraine qui, dans le bassin de la Seine et vers Paris particulièrement, se trouve à quelques mètres à peine de profondeur, et sert de réservoir sinon de sources aux rivières et aux puits auxquels l'homme des villes demande son alimentation liquide.

Les épidémies qui ont généralement suivi les guerres sont déjà un indice presque irréfutable de ce fait, puisqu'elles persistent même au XIXe siècle, après que les efforts des hygiénistes ont amené tant d'améliorations dans le mode d'inhumation des soldats morts.

D'autres faits plus topiques encore peuvent être invoqués à l'appui de cette thèse. Ainsi le médecin major Morache a constaté qu'il fallait attribuer à cette cause une épidémie de typhus, qui sévit sur la ville de Shang-Haï en 1863, pendant l'insurrection des Tœpings. Les populations rurales s'étaient réfugiées dans la ville, cette agglomération improvisée eut pour résultat une augmentation considérable de mortalité.

Les cadavres se multiplièrent et, conséquence infaillible, le typhus se déclara et les fièvres intermittentes prirent un caractère pernicieux. Cette épidémie ne disparut que lorsque les Européens eurent fait inhumer les morts dans les campagnes. Mais aussitôt les villages avoisinant les champs de sépulture furent envahis à leur tour par le fléau.

« Il y a quelques années, la ville de Château-
» dun était visitée, tous les étés, par une maladie
» indéterminée, présentant un ensemble de ca-
» ractères qui l'avaient fait ranger parmi les ma-
» ladies typhoïdes ; les victimes étaient rares et il
» semblait que le mal auquel elles succombaient
» fût dans l'ordre régulier des affections ; mais

» tout-à-coup la maladie sembla s'irriter du
» mépris dans laquelle on la tenait, elle se mul-
» tip..ia, elle frappa à toutes les portes, elle ra-
» vagea la petite ville.

» La consternation fut générale, d'autant plus
» que les cités et les hameaux voisins jouis-
» saient de la plus parfaite immunité.

» Alors on s'inquiéta, on chercha et l'on dé-
» couvrit que le Loir, qui baigne la ville, et ali-
» mente de ses eaux la population, s'était à
» la suite d'un débordement détourné de son
» cours, à quelques lieues de là, et passait sur
» un dépôt de matières organiques en putré-
» faction. »

Est-il un hygiéniste qui puisse nier que l'infection des puits parisiens, dans tous les quar-
tiers situés sur les déclivités des collines, au
sommet desquelles sont les cimetières de Paris,
Montmartre, le Père-Lachaise et Montparnasse
par exemple ou même l'ancien Charnier de
Montfaucon, ne soit due à la décomposition des
cadavres?

Un ingénieur mort aujourd'hui, et pour lequel
le régime des eaux de Paris n'avait pas de mys-
tères, M. Belgrand, ne craignit pas d'affirmer
que les sources sulfureuses qui existent sur plusieurs points de la villle, ne sont pas dues à au-

tre chose qu'au passage des eaux de pluie à travers le déliquium des cadavres.

La science d'ailleurs a démontré que la croûte terrestre est parfaitement perméable aux gaz qui se forment même dans l'intérieur du sol, et que les gaz ainsi formés arrivent facilement et sans rien perdre de leur puissance délétère, à l'air libre qu'ils empoisonnent. De même les eaux souterraines, chargées de détritus organiques, ne sont jamais qu'insuffisamment filtrées par leur passage à travers le sol dont la saturation est bientôt accomplie, et continuent à servir de véhicules à ces germes dangereux qu'engendre la décomposition des corps. Ces seules constatations ne suffisent-elles pas pour démontrer qu'en continuant plus longtemps le système d'inhumation actuelle, nous empoisonnons sciemment deux choses dont la pureté importe tant à la santé humaine : l'air et l'eau.

Le mal est là tout entier. La putréfaction lente des cadavres est un danger permanent et inévitable pour les vivants. Ce danger il faut le détruire et pour cela renoncer au système qui le crée.

CHAPITRE V.

Que faire des cadavres ?

L'inhumation est chose vicieuse, il y faut renoncer, voilà qui est acquis, — mais que faire des cadavres ?

En dehors des partisans avoués et obstinés de l'inhumation, qui proclament hautement leurs tendresses exclusives pour cette pratique surannée, la crémation est loin encore de réunir tous les suffrages.

Nombre de gens s'avouent *in petto* que l'inhumation est un usage absurde et dangereux au premier chef, la sentent radicalement condamnée par le bon sens, et ne se dissimulent pas que demain un formidable tolle s'élèvera contre elle dans l'opinion publique. Mais la routine ne saurait accepter sa défaite et, pour sauver l'inhumation en péril, ces mêmes hommes s'attellent, en désespoir de cause, à l'étude de prétendues améliorations dont la simple pensée leur eût fait sans cela dresser les cheveux sur la tête, et accouchent communément d'une souris. *Ridiculus mus.* Encore est-ce beaucoup dire !

En faut-il citer un exemple ? Prenons entre mille M. A. G. de Gugny qui est de bonne foi, mais que sa foi n'aveugle pas au point de lui cacher les horreurs barbares de l'inhumation. Il commence, au contraire, par les confesser ingénument, sauf à les nier ensuite, il va même jusqu'à déclarer qu'il faut les faire disparaitre. Mais son audace s'arrête là. Il lui faut des cimetières à inhumations, seulement il voudrait, en même temps qu'on y réunit les conditions d'étendue et de salubrité, qu'on y maintint la plus grande proximité en dépensant peu et assurant à tous une grande facilité pour faire de pieuses visites aux tombeaux, car, dit-il, « un » tombeau est un centre de famille réunissant » tous les parents à certaines époques de l'année, et maintenant des relations qui, sans » cela eussent été brisées sans retour. Quel est » celui qui n'a pas senti les liens d'affection se » resserrer entre les survivants réunis, dans » les jours solennels du souvenir, pour prier » sur la tombe d'un mort aimé? Il semble que » l'âme de celui qui n'est plus plane au-dessus » de ceux qui restent, grandie de toute la dis-

» tance mystérieuse qui les sépare ; lien invisible
» du passé, du présent et de l'avenir, que nul
» ne pourra rompre sans mutiler l'homme. »

Je me garderai bien de discuter cette naï-
veté fétichiste qui prétend tirer l'idée de solida-
rité humaine de la présence d'un cadavre dans
une tombe.

J'aime à trouver cette genèse, au moins sin-
gulière, sous la plume d'un spiritualiste, mais
je me demande si seulement cette idée est pour
son auteur le point de départ de l'amélioration
promise. Or, voici ce qu'a imaginé M. de Gugny :

« Le projet auquel je me suis arrêté consiste
» en un système de galeries souterraines paral-
» lèles, à deux étages de profondeur, de chaque
» côté desquelles des cases en maçonnerie,
» perpendiculaires aux galeries et disposées en
» rangées superposées, reçoivent les cercueils
» et sont ensuite fermées au moyen d'une pla-
» que de pierre scellée. Les galeries ont une
» largeur de 2 m. 20, suffisante pour permettre
» une circulation très facile ; celles du premier
» étage sont éclairées par des ouvertures circu-
» laires de 1 m. 60 de diamètre, percées dans
» la première voûte, en nombre assez grand
» pour éclairer parfaitement et recouvertes d'un
» toit vitré qui, en empêchant la pluie de pénétrer

» à l'intérieur, laisse librement circuler l'air.
» Les galeries de l'étage inférieur reçoivent le
» jour de même par des ouvertures percées dans
» la deuxième voûte et recouvertes d'une grille
» qui laisse passer une lumière suffisante.

• Toutes les galeries sont coupées à leurs
» extrémités par des allées transversales, sans
» tombes, aussi larges que les autres et qui les
» font toutes communiquer entre elles; dans ces
» allées transversales, deux larges escaliers
» donnent un accès facile à chaque étage, de
» sorte que la circulation est aussi commode
» que possible dans toutes les parties de la
» construction. »

Jusque-là tout était pour le mieux dans la
plus séduisante des nécropoles, mais voilà où la
souris apparaît :

« Pour empêcher d'une façon totale toute fil-
» tration et jusqu'à l'apparence d'émanation dans
» les galeries, le mur qui forme le fond des tom-
» bes, en un tout continu aux deux étages, est
» percé, à 5 centimètres au-dessus de la dalle
» de chaque tombe, d'un trou qui est ouvert au
» moment de l'inhumation; *ce trou permet*
» *au gaz provenant de la décomposition de*
» *s'échapper dans la terre et d'y disparaître*
» *en s'y combinant.* On évite ainsi la pression

» qui pourrait résulter sur les parois et la fer-
» meture de l'expansion de ces gaz, pression qui
» pourrait amener un dégagement, sans cette
» précaution, et aller même jusqu'à repousser
» la fermeture de la tombe, car le fait a été
» constaté dans les différents cimetières de Pa-
» ris, lorsque la maçonnerie trop compacte et
» imperméable, ne livrait aucune issue aux gaz. »

On se plaignait de l'infection de l'eau et de l'air par les produits de la décomposition orga- nique, et vite on remédie à cet inconvénient par l'imperméabilité des fosses et tout est dit.

Mais où donc est l'amélioration ? Si les gaz, si les liquides peuvent gagner le sol par ce trou, où donc est le bénéfice ?

Ah ! la crémation n'a rien à redouter des inventions de M. de Gugny. Le problème est-il mieux résolu par les cercueils en ciment de M. J. B. Gratry ? Il est permis d'en douter. Cet honorable citoyen a en effet imaginé que si on enveloppait le cadavre d'un treillage métallique, revêtu lui-même d'une couche de ciment, d'une épaisseur indéterminée, ce cadavre se réduirait spontanément en cendres, sans rien laisser transpirer au dehors des produits de la décom- position et par conséquent n'empoisonnant ni l'air, ni l'eau.

M. Gratry, on le voit, suppose :

1º Que le ciment est absolument imperméable ;

2º Que, cette imperméabilité étant prouvée, il y aura décomposition du corps comme dans la fosse actuelle.

Ces deux hypothèses, par cela seul qu'elles sont produites sans vérifications à l'appui, ne sont guère acceptables.

Il n'est pas jusqu'à la science officielle qui ne se soit dressée contre la crémation, par la bouche autorisée de M. Duvergie, membre éminent de la commission d'hygiène et de salubrité de la ville de Paris, lequel a déclaré, en dressant hypothèse contre hypothèse, que « avec les cercueils en ciment la décomposition des cadavres fera place à la momification. »

Je sais bien que M. Gratry ne fléchit pas sous ce coup de massue académique et qu'à la négation du Dʳ Duvergie, il oppose les affirmations du Dʳ Gomez, membre de l'Académie de Médecine de Madrid et l'exemple des cimetières méridionaux disposés pour la décomposition en niches hermétiquement closes. Mais, s'il veut bien considérer que M. Gomez ne parle pas, dans la lettre citée, des résidus pulvérulents, que rien n'établit l'imperméabilité des niches, et qu'enfin dans beaucoup de cimetières méridionaux les niches sont pratiquées dans le tuf, calcaire éminemment perméable, il ne fera pas de difficulté de reconnaître que ses soutiens n'ont pas toute la solidité désirable et que, si le cercueil en ciment est un progrès sur celui de bois, il ne saurait primer la crémation.

Ressuscitera-t-on, par appréhension du bûcher, la p ratique des Egyptiens : la momification ? On y a pensé et je le déplore. Il s'est trouvé dans notre pays des gens assez dénués de sens et de goût pour pousser la haine au progrès jusqu'à ressusciter pour lui faire échec, une pratique aussi grossièrement compliquée que l'embaumement égyptien.

Diodore, Hérodote, Porphyre, nous ont laissé des descriptions très détaillées de cette opération qui se liait, chez les Egyptiens, à un fétichisme tout particulier.

Voici en quelques mots comment on procédait :

1° Vider toutes les cavités soit en faisant l'extraction des viscères, soit en les dissolvant dans un liquide caustique ;

2° Enlever au cadavre sa graisse et ses muqueuses et les soumettre PENDANT 70 JOURS à l'action du natrum ;

3° Opérer la dessiccation du surplus à l'air

libre ou bien en étuve. Enfin, l'opération se complétait en vernissant pendant la dissiccation toutes les parties découvertes, puis en bourrant le corps d'herbes aromatiques ; — après quoi on fixait avec soin le tout dans des bandelettes de toile de lin enduites de gomme.

Le vernissage pouvait être remplacé par un plongeon dans du bitume ou de la cire en dissolution.

Décrire un tel procédé c'est le discréditer sûrement, et, s'il fallait ajouter un argument en se plaçant au point de vue sentimental, je me demanderais de quel œil les hommes au cœur sensible contempleraient leurs ancêtres accommodés à la façon des momies arrachées par le scepticisme moderne aux profondeurs des Pyramides, et que nos musées emmagasinent avec tant de soin et d'orgueil.

Mais, encore une fois, que faire des cadavres ?

Continuer à les enterrer ? C'est insalubre.

Les momifier ? C'est déjà mieux.

Les brûler ?.. C'est la seule chose pratique !

CHAPITRE VI.

Les Bûchers modernes.

La nécessité de l'incinération s'impose si bien au monde moderne, les objections qu'on y a opposées et dont nous traiterons tout à l'heure, sont si peu topiques que cette question est à l'ordre du jour parmi les savants et les administrateurs du monde civilisé tout entier, et si chez nous elle ne se présente qu'à l'état de *desideratum* pour lequel on provoque par une méprise trop commune l'initiative toujours inféconde des gouvernants et des législateurs, dans quelques pays elle est déjà entrée dans la phase pratique : Milan et Gotha ont leur temple crématoire et cela était indiqué ; car si la Suisse, l'Angleterre et la France ont produit dans ces derniers temps des expériences ou des traités théoriques, c'est surtout et d'abord l'Allemagne et l'Italie qui ont trouvé des résultats pratiques.

En effet, si l'on était resté au bûcher antique,

à cet échafaudage de fagots plus ou moins secs, accomplissant leur besogne à l'air libre, à grand renfort de fumée nauséabonde, la crémation n'aurait pas, j'imagine, gagné un seul partisan dans le monde ; mais les choses ont marché et il y a loin du four Siemens, par exemple, au bûcher de Patrocle qui servit encore de modèle, en 1822, à Byron pour brûler son ami Shelley, et même aux bûchers indiens dont Florence a eu la rare fortune de voir un échantillon en 1870.

Ce bûcher, haut d'un mètre et large de quatre, fut parsemé de poudres de bois odorants et de camphre. On y plaça le corps du prince décédé (car il s'agissait d'un prince indien, le rajah de Kellapore) qu'on avait préalablement enduit de naphtaline. On entassa par dessus des bois résineux et des matières inflammables ; après quoi un parent mit le feu au bûcher. L'incinération ne dura pas moins de cinq heures, et comme elle avait été faite la nuit, sur les bords de l'Arno dans un endroit écarté, la longueur est le seul inconvénient qu'il nous soit possible de constater.

Une opération de ce genre, faite en plein air, et sans autre appareil, entraîne pourtant nécessairement des inconvénients auxquels il est indispensable de remédier si l'on veut propager la crémation. C'est ce dont se sont occupés les chimistes, les savants, les ingénieurs.

Obtenir à bon marché une incinération rapide et parfaite; — une combustion complète des gaz de façon que ceux-ci ne puissent infecter l'air atmosphérique; — inventer enfin pour les appareils une disposition simple, décente et d'usage facile ; tel est le problème qu'on s'est attaché à résoudre, et l'on peut dire qu'il est résolu.

Si tout d'abord les premières expériences des docteurs Polli, de Milan, et Brunetti, de Padoue, donnèrent des résultats peu satisfaisants, il n'en est pas de même du four Polli et Claricetti, du four Siemens et du fourneau à moufle du docteur Kopp.

L'appareil Polli et Claricetti est celui qui fonctionne dans le temple crématoire de Milan. Sa forme tumulaire satisfait, à ce que racontent ceux qui l'ont vu, aux exigences esthétiques. En fût-il autrement d'ailleurs qu'il serait on ne peut plus facile de le modifier.

Il ne contient pas moins de 217 becs de gaz, destinés à opérer l'incinération, et réduit en 1 heure 1/2 un cadavre de 60 kilogr. à 3 kilogr. de cendre sans qu'aucune odeur, aucune fumée, aucun bruit particulier aient pu affecter la vue, l'ouïe ou l'odorat des assistants.

Le four Siemens qui a déjà servi à l'incinération de Mme Dilke, à Dresde, le 10 octobre
1874, et dont le docteur Thompson, de Londres,
fait usage, est, de l'avis d'un homme fort com-
pétent à coup sûr, M. Cadet : « le seul qui offre
la solution vraiment pratique du problème. »

L'appareil, dit le même auteur, se compose
de trois parties distinctes :

1° Un générateur destiné à produire le gaz
nécessaire au chauffage de l'appareil et placé en
dehors du bâtiment ;

2° Le four proprement dit appelé régénérateur,
et à l'intérieur duquel se trouve la chambre de
combustion ;

3° Une grande cheminée qui sert au dégagement des produits de la combustion.

Le four, invisible pour les assistants, est situé
dans le sous-sol d'une grande et belle construction dont l'ensemble présente un aspect monu-
mental.

Quant à son action, voici la description som-
maire des principales phases de l'opération em-
pruntée au *Moniteur scientifique* du docteur
Quesnéville, excellent recueil périodique dont
l'année 1874 contient d'abondantes et lumineu-
ses explications au sujet de la crémation. On
descend le cadavre avec ou sans cercueil, dans

un espace muré et nu, vide de tout autre objet.
Il n'est en contact qu'avec l'air porté à la température blanche et dont l'oxygène vient se combiner aux atomes des tissus organiques. Il brûle
sans odeur dans ce milieu ardent comme une
bougie se consume sans odeur dans l'air ; il ne
reste que la cendre non mélangée avec des corps
étrangers. La combustion est si parfaite que
jusqu'à présent on n'a pu constater dans la cheminée d'appel la présence de la vapeur et de la
fumée, mais seulement de l'air chaud. La durée
de l'opération est de 30 à 35 minutes, ainsi que
l'a démontré une première fois l'incinération du
corps de Mme Dilke qui laissa pour résidu 5 à
6 livres de cendres.

En Suisse, le docteur Kopp a proposé l'emploi
de fourneaux à moufle qui brûlent les cadavres
en détruisant les gaz ramenés dans le foyer
pour y être consumés. Ces fours ont été expéri-
mentés à Breslau, il y a près de deux ans, ils pa-
raissent donner d'excellents résultats dans les
grands établissements crématoires ; mais, n'ayant
pas été encore installés, ils n'ont pas fait leurs
preuves et nous n'en parlons ici qu'à titre de renseignement.

On en peut dire autant du procédé Gorini, de Lodi.
Ce professeur connaît, dit-il, « une substance qui,

» poussée à une très haute température, produit
» un liquide capable de dissoudre entièrement,
» de la manière la plus surprenante, et en quel-
» ques instants, le cadavre que l'on soumet à
» son action. »

Un témoin oculaire de son expérience, le docteur Pini, de Milan, la décrit ainsi : « A peine le
cadavre avait-il été mis en conclact, le liquide
bouillant, qu'il brûlait avec une flamme intense
et au bout d'un temps extrêmement court, était
complètement détruit. La fumée et les gaz
qui sortaient du creuset se perdaient dans l'at-
mosphère, et non-seulement la décomposition
marchait rapidement, mais encore les assistants
ne percevaient aucune odeur.

Quand la matière en question est liquéfiée à
la température convenable, elle dissout en vingt
minutes le cadavre qu'on y a plongé. Le même
liquide peut et doit servir à plusieurs cadavres
(10 environ), et la dépense totale se réduirait à
6 francs par corps.

Mais, je le répète, ce sont là des expériences
de laboratoire qui n'ont rien de concluant.

Expériences de laboratoire aussi celles de
M. Cadet, mais plus pratiques que celles ci-
dessus, puisqu'elles ont permis à l'auteur de
déterminer la moyenne suivante :

« Dans les fourneaux à moufle, la quantité
» de combustible nécessaire équivaut environ
» à deux fois le poids du corps à incinérer, et
» l'opération s'effectue en moins de quarante
» minutes. »

Ajoutons que cette moyenne s'applique à tous
les fours actuellement usités.

En un mot, si la science n'a pas dit son der-
nier mot sur ce point, si l'avenir, à défaut du
concours avorté du Conseil municipal de Paris,
dont les deux préfectures n'ont mis tant de
bonne grâce à se renvoyer l'initiative que pour
mieux l'enterrer ; si l'avenir, dis-je, ne nous
réserve aucun perfectionnement nouveau, on
peut affirmer que le bûcher moderne est trouvé.

CHAPITRE VII.

Le droit au bûcher.

Prouver que la crémation est indispensable ; établir que le bûcher moderne est trouvé et n'attend plus, pour fonctionner, qu'une clientèle ; tout cela était chose facile.

La besogne est plus rude pour savoir si le droit au bûcher existe.

Dans notre cher pays, on n'a pas de formules assez solennelles pour proclamer que le respect de la loi est la base de la société. Aussi, suppose-t-on que nul n'ignore la loi, — alors que le contraire seul est vrai — et il faut avouer qu'il est difficile de respecter une chose qu'on ne connaît pas.

Cette ignorance de la loi tient à des causes variées, un peu sans doute à notre habitude moutonnière de tenir pour certaine la première bourde venue qui nous est affirmée avec

aplomb, mais beaucoup, mais surtout à l'inco-
hérence de notre législation.

Pénétrer dans le dédale de nos lois sans s'y
perdre, c'est une tâche ardue à laquelle ne suf-
fisent pas toujours le courage le plus robuste,
la persévérance la plus entêtée.

Nos codes, disons-le en passant, déjà bourrés
de réglementations contradictoires, dont quel-
ques-unes ne sont pas précisément l'idéal de la
justice, voient ajouter tous les jours à leur com-
plication par des législateurs d'autant plus
pressés de réglementer à leur tour, qu'ils sont
moins préparés à cette besogne.

On légifère, on réglemente à outrance, on
abroge sans dire ce qui est abrogé, et les lois
s'accumulent, s'enchevêtrent, se contredisent à
ce point que le juriste le plus piocheur, le plus
perspicace et le plus honnête, perd son latin à
les coordonner, tandis que le coquin trouve sans
peine un bout de texte pour s'en faire une robe
d'innocence.

Si les légistes eux-mêmes perdent parfois le
fil d'Ariane, quelles doivent être les perplexités
d'un honorable citoyen que le hasard de ses étu-
des met en présence de ce problème : La crémation est-elle permise ou interdite ?

Dans un livre publié en 1875, un avocat du

barreau de Lyon a soutenu que le législateur a
voulu que les corps fussent inhumés et non
brûlés.

M. Cadet, membre du Conseil municipal de
Paris, adopte cette manière de voir qui, du
reste, est le préjugé commun, tandis qu'un autre membre du Conseil municipal, M. A.-S.
Morin, soutient la thèse contraire.

Laissons-lui la parole :

« C'est, dit-il, une erreur, très répandue,
» même chez les gens très libéraux, de croire
» que la crémation ne peut avoir lieu sans
» qu'une loi à venir ne l'ait autorisée.

» Qu'on se rappelle donc cette maxime in-
» contestable, *que tout ce qui n'est pas dé-*
» *fendu par la loi, est permis.* Or, aucune
» loi n'interdit la crémation.

» On nous objecte que les lois sur les sépul-
» tures ne spécifient que l'*inhumation*, c'est-
» à-dire le dépôt du corps dans la terre.

» La réponse est facile. Le décret du 12 fri-
» maire an II statue que « tous les citoyens ont
» droit à la sépulture, quelles que soient leurs
» opinions religieuses. » Le mot sépulture est
» général et s'applique à tous les modes de funé_
» railles. Aucun mode n'est prescrit comme
» obligatoire.

» On oppose particulièrement le décret du
» 23 prairial an XII. Remarquons d'abord qu'il
» est intitulé : Décret *sur les sépultures*, et
» que, dans l'intitulé de deux des Titres ou Cha-
» pitres de ce décret, on se sert également du
» terme de *sépulture*. Plusieurs des articles
» règlent, il est vrai, le mode d'inhumation.
» Tout ce qu'il est permis d'en conclure, c'est
» que, quand l'inhumation a lieu, elle doit se
» faire suivant les conditions prescrites. Mais il
» ne s'ensuit nullement que l'inhumation soit
» obligatoire et qu'il soit interdit d'employer un
» autre mode de sépulture. Le décret ne parle
» point de l'embaumement, et, néanmoins, c'est
» un procédé qui est usité, sans que personne
» l'ait taxé d'illégalité.

» *En supposant même qu'il y ait obliga-*
» *tion d'inhumer, c'est-à-dire de déposer les*
» *corps en terre, le décret n'exige pas que*
» *les corps soient déposés dans l'état où ils*
» *étaient lors de la mort ;* il n'interdit pas de
» leur faire subir au préalable des préparations
» quelconques. De même qu'on peut ne les dé-
» poser qu'après les avoir embaumés ou mo-
» mifiés, on pourrait également ne les déposer
» qu'après les avoir transformés par l'incinéra-
» tion. Aucun texte ne s'y oppose.

» Quand il s'agit d'interdire aux citoyens
» l'exercice d'une faculté, il ne suffit pas de
» suppléer par une interprétation plus ou moins
» élastique à la lettre du texte ; il faut une pro-
» hibition formelle, explicite, claire, sans équi-
» voque. Et aucune loi n'interdit la crémation.

» Enfin, une loi prohibitive doit avoir une
» sanction ; sans quoi, ce n'est qu'une lettre
» morte. Ici cette sanction n'existe pas. Si donc
» des citoyens, usant de leur droit, se mettaient
» à brûler un cadavre, il serait impossible de
» les poursuivre, et aucun tribunal ne pourrait
» leur infliger de peine ; car une condamnation
» ne peut être prononcée qu'en vertu d'une loi
» qui ait défini le délit et édicté la peine.

Ajoutons avec le docteur Ganal que « si le lé-
» gislateur de 1804 avait voulu proscrire la
» crémation, il l'aurait spécifié, attendu que ce
» procédé de destruction des corps, proposé à
» différentes reprises dans les Assemblées lé-
» gislatives de la République, avait été men-
» tionné dans plusieurs mémoires envoyés au
» concours de l'Institut en l'an IX ; » et nous
aurons surabondamment prouvé qu'il serait au
moins superflu d'arracher à la fécondité de nos
législateurs une loi nouvelle.

La crémation n'est pas interdite, elle ne l'a

jamais été, si ce n'est au viii° siècle par les capitulaires de Charlemagne et il est permis de
croire que ces capitulaires ont fait leur temps.

C'est à nous de la pratiquer, et pour cela je
partage le sentiment de M. S.-A. Morin. Je
m'associe à son vœu : Formons une société de
crémation ; obtenons de la municipalité pari-
sienne un coin dans un cimetière, installons-y
un four Siemens ou un four Claricetti et atten-
dons la clientèle. Nous verrons bien à notre premier client si les capitulaires sont abrogés ou
non.

CHAPITRE VIII.

Quelques objections.

Les défenseurs de l'inhumation n'ont pas qu'une corde à leur arc. Ils l'ont bien montré en opposant à la crémation des objections de toute nature.

Quelques-uns ont invoqué d'abord la loi civile en prétendant qu'elle interdisait l'incinération, nous venons de voir le cas qu'il faut faire de cette prétention.

D'autres, les sectes religieuses, n'ont pas manqué de faire intervenir la volonté de leurs Dieux dans l'affaire. Ils ont protesté avec force contre notre prétention d'arracher brutalement le cadavre humain à la destinée que lui ont assigné les différents dogmes révélés. Ils ont proclamé bien haut que la pourriture lente avait été décrétée par je ne sais quelle Providence. Tout le monde sait que leurs Dieux et les Providences obligées qui les escortent sont de pures

hypothèses dues à des imaginations malades.
Mais en fût-il autrement, que leurs récriminations porteraient encore plus à faux. Eh quoi ! rendre un peu plus tôt et un peu plus proprement à
la nature les divers éléments dont un Dieu aurait formé le corps de l'homme, serait une espèce de sacrilège ? Mais alors il faudrait admet-
tre aussi que l'homme en se couvrant de vête-
ments aurait gravement offensé son prétendu
créateur qui l'avait, paraît-il, fait tout nu. Non !
malgré la légende du Paradis perdu, je ne veux
pas croire qu'il se trouve un seul sectaire assez
effronté pour pousser jusqu'à ce point l'absur-
dité de sa foi.

Mais laissons de côté les Dieux et leurs impec-
cables Providences pour regarder en face un
sentiment bien humain : le respect des morts.
C'est là, sans doute, un sentiment dont la pratique n'a guère de détracteurs, si elle en a. Ho-
norer la vertu des ancêtres, rendre par des ma-
nifestations éclatantes ou modestes, témoignage
de leur œuvre dont le bénéfice nous reste, con-
sacrer, en un mot, par l'hommage rendu aux
générations disparues l'imprescriptible solida-
rité humaine, rien de mieux ! Et je me demande
en quoi la crémation gênerait le moins du
monde la libre expansion de ce sentiment,

légitime s'il en fût, de ce respect, de ce culte des morts. Elle l'aiderait et le fortifierait plutôt, puisqu'au lieu de livrer les restes de l'être vénéré aux souillures de la décomposition lente dans le sein de la terre, elle permettrait de recueillir pieusement, dès le premier jour, ses cendres, de les conserver au cœur do la famille et de les tenir constamment au foyer domestique sous l'œil même des enfants comme un exemple salutaire illuminant l'avenir des lueurs du passé. Ah! si les cœurs tendres, les esprits timides, les imaginations délicates, si tous ceux qui tremblent à l'idée de livrer aux flammes le cadavre de l'être aimé pouvaient assister à une exhumation, s'ils pouvaient voir ce « squelette » encore gras mélangé à des lambeaux de linceul et à de la sciure de bois, — *véritable* » *terreau humain* — d'où se dégage une » odeur fétide, » ils auraient tôt fait de dépouiller leurs dernières illusions, de se rallier à la salutaire innovation que nous réclamons, en se faisant les apôtres de la crémation. Il y a bien, en effet, un culte des morts que contrarie la crémation, c'est le culte fétichiste, monument grotesque de la vanité de la personne humaine qui s'adorerait volontiers jusque dans sa charogne. C'est celui qué pratiquent les hommes que la foi en quelques billevesées dites révélées comme l'immortalité de l'âme et la résurrection finale du corps ont poussés à une sorte d'auto-lâtrie. Brûler leurs cadavres, c'est à leurs yeux porter une atteinte grave à leur précieuse entité qu'ils regardent comme placée, par je ne sais quelle grâce privilégiée, beaucoup au-dessus des lois de la nature. Ils sont bien forcés de pourrir « *in pulverem reverteri* », mais ils ferment tant qu'ils peuvent les yeux pour ne pas voir qu'ils pourrissent et que de cette tant précieuse entité, — corps et âme, — il ne reste après l'œuvre de la tombe que des éléments solides et liquides ou gazeux, destinés à se combiner dans d'autres milieux et à reformer d'autres êtres, végétaux, animaux ou minéraux. A ces hommes ignorants et dupés il faut donner l'instruction positive qui les ramènera à une plus saine appréciation de la nature des choses et ne faire qu'un cas médiocre de ce qu'ils appellent le culte des morts.

L'humanité ne saurait emboîter le pas à leur peureuse ignorance.

Il n'y a pas d'ailleurs que les ignorants qui repoussent la crémation ; un docteur en médecine n'a pas hésité, pour la combattre, à émettre la réjouissante hypothèse que voici : « Supposez une famille qui, depuis J.-C. jusqu'à nos jours, aurait gardé les cendres de ses aïeux : le Louvre réuni aux Tuileries ne suffirait pas pour les contenir. » Pour être gai, l'argument n'est pas plus sérieux et, si l'idée me sourit de remplacer les dynasties vermoulues qui ont si longtemps encombré ces palais par une collection de cruches et de potiches variées, j'ai bien peur qu'une telle collection n'ait jamais pu être faite, et notre docteur en conviendra lui-même, s'il veut bien considérer le peu de cas que fait la première marquise venue, des vénérables jupes de sa mère grand. Et puis, qui oserait soutenir sérieusement qu'on trouvera seulement cinq générations d'héritiers assez étonnants pour attacher un prix quelconque aux urnes démodées d'une collection d'ancêtres encombrante?

Un autre savant, dont le nom fuit ma mémoire et ma plume à l'heure où j'écris, se demande avec anxiété ce que seraient devenues l'anthropologie et la phrénologie, si la crémation avait été pratiquée de tout temps. Je ne saurais m'associer à des craintes qui ne sont pas fondées. Est-ce que la phrénologie et l'anthropologie perdront quelque chose de leur vitalité quand notre honorable docteur sera décidé à se faire brûler? Car il y arrivera! Qu'on brûle ou qu'on inhume, elles continueront à classer, à enregistrer au jour le jour les observations et les découvertes contemporaines, et à préparer pour la postérité une abondante moisson de documents, peintures, moulages, photographies, etc., etc. dont la possession épargnera à celle-ci le dur labeur de reconstruire péniblement le passé de l'humanité.

Pourquoi les vieux tombeaux, les cavernes, les cités lacustres ont-ils dû livrer à nos infatigables chercheurs tant de secrets qu'il importait à l'humanité de connaître? Parce que l'ignorance, la faiblesse intellectuelle qui était le lot des ancêtres primitifs ne leur avait pas permis de nous laisser d'archives. Mais s'ils avaient brûlé leurs morts par respect pour la santé des vivants, ils eussent ainsi prouvé un état de civilisation très avancé. Une telle civilisation laisse forcément des archives, et si les générations suivantes en avaient reçu, l'anthropologie eût été créée par elles et non par nous.

A côté de ces objections plus ou moins fantaisistes, s'en place une qu'il faut aborder résolument, car elle est, on pourrait le dire, la seule digne d'examen. C'est elle qui est tirée de l'intérêt de la justice sociale.

Dans l'état actuel des choses, qu'un crime

commis reste plus ou moins longtemps ignoré, impuni, la terre, dépositaire fidèle, n'en conserve pas moins dans son sein les preuves du crime, toujours prête à livrer son secret à qui voudra l'interroger, tandis que le feu, en anéantissant les corps, anéantira du même coup les preuves et encouragera ainsi le crime en lui assurant l'impunité. Tel est l'argument qu'on oppose à la crémation, et qui n'est pas sans présenter une certaine gravité.

On y a déjà répondu, mais insuffisamment à mon sens. Les uns ont déclaré qu'un service de vérification des décès, bien organisé et sérieusement fait, suffirait amplement pour ne pas permettre au crime d'espérer l'impunité. D'autres veulent qu'on prenne, en tous cas, la précaution de mettre à part les entrailles de tous les morts pour les soumettre à loisir aux investigations des chimistes. J'avoue, pour ma part, que si cette précaution était aussi indispensable qu'on le dit, elle suffirait pour faire ajourner indéfiniment la crémation ; mais, heureusement, elle ne l'est pas et ne doit, à mon sens, être prise que s'il y a commencement d'instruction judiciaire.

De quoi s'agit-il, en effet ?

Y a-t-il doute sur les véritables causes d'un

décès subit, violent ou accidentel? Toutes les enquêtes peuvent être faites préalablement à l'incinération. S'agit-il, au contraire, d'un crime passé inaperçu et que des révélations tardives viendraient à faire soupçonner?

Le cas ne pourrait se présenter que s'il s'agit d'empoisonnement.

Car les coups, les blessures, les manœuvres abortives ayant occasionné la mort, ne sauraient échapper aux investigations d'un service de vérification des décès sérieusement fait, et seraient dénoncés aussitôt qu'accompli, pour ainsi dire.

L'empoisonnement peut, au contraire, passer inaperçu. Mais encore, faut-il distinguer entre l'intoxication par les poisons organiques et celle par les poisons métalliques.

Dans l'incinération, les premiers disparaîtront en effet sans laisser de traces, mais en laissent-ils davantage dans les détritus résultant de l'inhumation? Les médecins chargés de constatations judiciaires sont d'accord pour répondre non. Dans la décomposition lente, ils se volatilisent, au contraire, dès le début de la putréfaction, et se réduisent à leurs éléments constituants. La crémation ne changerait donc rien à l'état actuel des choses.

Quant aux autres toxiques, métalloïdes ou

métaux, leurs traces sont suceptibles d'être re-
trouvées dans les cendres ainsi que l'établissent
péremptoirement les expériences de M. Cadet
pour le plus usité d'entre eux : l'arsenic.

Il suffirait donc d'astreindre la crémation à
de certaines règles, à de certaines précautions
que l'état actuel de la science chimique indique,
et qui permettraient de ne laisser passer aucun
crime impuni.

Là où l'inhumation est impuissante même à
faire naître le soupçon, la crémation appor-
terait des preuves et rendrait le crime manifeste.

Progrès évident, et qu'il n'est pas permis de
dédaigner plus longtemps.

On le voit, la crémation ne pourrait porter le
moindre préjudice à la vindicte publique dont
elle sera au contraire le plus puissant auxiliaire,
et le crime ne saurait trouver en elle une impunité, une sécurité que lui refuserait aujourd'hui
l'inhumation.

Et en tous cas, il faut proclamer bien haut
que dût la crémation, dans quelques cas bien
rares, être une cause d'impunité, il la faudrait
pratiquer encore.

Car il vaudrait cent fois mieux laisser échapper un criminel, que d'empoisonner sciemment
toute une population innocente.

CHAPITRE IX.

Finissons-en!

En résumé :

La crémation est un besoin social urgent ; c'est le seul remède efficace contre l'insalubrité des villes plus menaçante de jour en jour à mesure que ces villes s'accroissent.

L'inhumation pure et simple doit disparaître : c'est un procédé arriéré aussi dangereux que repoussant.

Vainement l'esprit dit conservateur s'attache à lui par cette seule raison *qu'il est*. L'esprit et la science modernes le repoussent, et bientôt le sentiment lui-même, mieux éclairé sur la vérité des choses, ira où va la science, — à la crémation.

De tous les points de l'Europe entendez s'élever des voix qui en proclament la nécessité.

Des meetings, des associations de crémation

s'agitent en Suisse, en Allemagne, en Italie, en Autriche, en Angleterre, remuent profondément les imaginations et sont en train de modifier de fond en comble les mœurs.

Des municipalités prennent çà et là l'initiative qui leur appartient et dotent leurs villes de fours crématoires publics, où va qui l'a voulu. Resterions-nous donc en arrière de ces peuples dont notre civilisation nous a faits intellectuellement les aînés, et nos municipalités souffriront-elles plus longtemps qu'on les devance à Milan, à Gotha ou à Vienne?

Je n'en puis rien croire. La loi est pour nous et les conseils municipaux élus ont conscience des devoirs progressifs que leur impose le choix populaire.

Finissons-en donc nous-mêmes; groupons-nous en une société qui agite les esprits, encourage les timides, rassure les peureux et entraîne les hésitants, et le jour n'est pas loin, j'en ai l'assurance, où la France tout entière demandera avec nous aux morts la grâce des vivants.

Les morts s'exécuteront de bonne grâce!

BIBLIOGRAPHIE

Notice sur les champs de sépulture. — Léon Vafflard. Paris, 1867.

Les cercueils en ciment. — I.-R. Gatry. Neuilly, 1875.

Hygiène, Inhumation et Crémation. — A Cadet, chez Germer-Baillière, Paris.

Thèse sur l'assainissement des champs de bataille. — Ch. Durand, 1878.

Essai historique sur la Crémation. — J.-C. Beau. Paris, 1878.

Thèse sur la Crémation. — L. Rochu. Paris, 1878. Inhumation et Crémation. — Dr Ganal. Paris, 1876.

Projet de nécropole pour la ville de Paris. — A.-G. do Gagny. Paris, 1876.

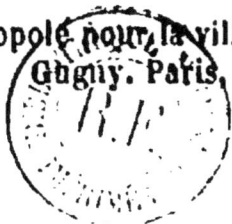

TABLE

Versailles.— Imprimerie Cerf et Fils, 59, rue Duplessis.

www.ingramcontent.com/pod-product-compliance
Lightning Source LLC
LaVergne TN
LVHW021005090426
835512LV00009B/2078